L 4h
686 bis

CAPITULATION DE METZ

RAPPORT OFFICIEL

DU

MARÉCHAL BAZAINE

LYON

LAPIERRE-BRILLE, ÉDITEUR

6, RUE DE LA BARRE, 6

—

1871

AVERTISSEMENT DE L'ÉDITEUR

—

Le numéro du 5 janvier 1871, du journal de Lyon, LE SALUT PUBLIC, *contenait l'article suivant :*

TRAHISON DE BAZAINE

Il vient de paraître sous ce titre : *Trahison du [maréchal Bazaine,* une brochure écrite par un officier d'infanterie, témoin oculaire des événements. Le maréchal Bazaine est-il un traître ou un incapable, ou bien, a-t-il été victime d'événements plus forts que la volonté d'un homme? A-t-il capitulé avec sa conscience comme c'est l'opinion de la grande majorité des Français, ou bien a-t-il, comme il le prétend, capitulé avec la faim? Telle est la question qui va se poser tout naturellement devant la commission d'enquête évoquée par le gouvernement de la défense nationale. En attendant, et par une coïncidence assez bizarre, la brochure que nous venons de citer était publiée à Lyon le même jour où paraissait à Berlin le rapport officiel dans lequel le maréchal Bazaine décrit les événements qui se sont accomplis du 13 août au 29 octobre, en les envisageant sous un point de vue qui l'innocente et l'absout. Qui a raison, du maréchal Bazaine ou du simple lieutenant d'infanterie qui ose accuser hautement de trahison et d'impéritie son général en chef? Un avenir prochain tranchera la question. En tous cas, il y a des rapprochements bien curieux à faire entre ces deux publications qui ont vu le jour à la même date, et qui toutes deux racontent jour par jour les mêmes événements, en en tirant des conséquences diamétralement opposées. Toute personne qui voudra asseoir son jugement en connaissance de cause devra lire ces deux récits contradictoires.

Cet article nous a donné l'idée, à nous qui avons publié la brochure qui accuse le maréchal Bazaine, de publier également le rapport officiel du maréchal.

Nous avons voulu, en agissant ainsi, faire acte d'impartialité et mettre sous les yeux du public, seul juge en définitive en cette matière, les pièces complètes d'un procès qui ne peut manquer de surexciter vivement la curiosité du public.

CAPITULATION DE METZ

RAPPORT SOMMAIRE

Sur les opérations de l'armée du Rhin, du 13 août au 29 octobre 1870,

PAR LE COMMANDANT EN CHEF MARÉCHAL BAZAINE.

Ce résumé a pour but de donner un aperçu, aussi exact que possible, sur des faits intéressant l'armée du Rhin pendant cette période.

Les rapports spéciaux établis après chaque combat, citant les corps, les officiers et les soldats qui s'y sont distingués sont déposés aux archives de l'état-major de l'armée, sous le couvert du ministre de la guerre, et lui parviendront dès que *les relations seront rétablies avec la capitale.*

Nommé, par décret du 12 août, commandant en chef de l'armée du Rhin, j'en pris le 13 le commandement, ayant pour chef d'état-major général le général de division Jarras, désigné pour ces fonctions par le même décret qui supprimait celles du major général et des deux aides-majors généraux.

Mes instructions étaient de faire passer l'armée de la rive droite de la Moselle, où elle était réunie depuis le 11, sur la rive gauche pour la diriger sur Verdun. Ce mouvement était en pleine voie d'exécution le 14, s'opérant par les deux heures de l'après-midi, les troupes allemandes commencèrent l'attaque sur la division Metman du 3e corps. Il fallut l'appuyer pour maintenir l'ennemi, qui devenait entreprenant; le 4e corps, qui avait presque effectué son passage de rivière, revint en partie prendre position en avant du fort Saint-Julien et concourut à ce premier combat, qui dura jusqu'à la nuit et prit le nom de bataille de Borny.

Nous n'eûmes pas la satisfaction de déjouer les projets de l'ennemi, dont le but était de retarder notre concentration sur le plateau de Gravelotte et de donner le temps à ses troupes d'y arriver avant nous. Leur passage était signalé à Nomény et à Gorze, et l'armée du prince Frédéric-Charles, dont les coureurs avaient été vus dans les environs de Briey, avançait du même côté.

Le mouvement de nos troupes sur la rive gauche de la Moselle continua le 15 août, et les 2e et 6e corps furent échelonnés derrière la division de cavalerie du général de Forton, qui, depuis la veille, éclairait la route de Mars-la-Tour, tandis que la division du général du Barail éclairait la route de

Conflans. La garde impériale fut établie en avant de Gravelotte.

La concentration des 3e et 6e corps sur le plateau n'était pas complète le 16 au commencement de la bataille, les passages sur les ponts, qui étaient en nombre insuffisant, ayant été plus longs qu'on ne l'avait supposé.

Le 16 août, vers neuf heures du matin, l'ennemi attaqua la division de Forton qui dut se replier sur le 2e corps : l'action devint bientôt après générale et dura jusqu'à la nuit close. Le combat, qui fit éprouver des pertes sensibles à l'ennemi et le tint un moment en échec, prit pour nous le nom de bataille de Rezonville. L'extrait suivant que j'adressai à Sa Majesté l'empereur et au ministre de la guerre, le 17 août, expose la situation de l'armée après ce combat :

« On dit aujourd'hui que le roi de Prusse serait à Pange ou au château d'Aubigny, qu'il est suivi d'une armée de 100,000 hommes et qu'en outre des troupes nombreuses ont été vues sur la route de Verdun et à Mont-sous-les-Côtes.

« Ce qui pourrait donner une certaine vraisemblance à cette nouvelle de l'arrivée du roi de Prusse, c'est qu'en ce moment, où j'ai l'honneur d'écrire à Votre Majesté, les Prussiens dirigent une attaque sérieuse sur le fort Queulen. Ils auraient établi des batteries à Magny, à Mercy-le-Haut et au bois de Pouilly; dans ce moment, le tir est même assez vif.

« Quant à nous, *les corps sont peu riches en vivres;* je vais tâcher d'en faire venir par la route des Ardennes qui est encore libre. M. le général Soleille, que j'ai envoyé dans la place, me rend compte qu'elle est peu approvisionnée en munitions et qu'elle ne peut nous donner que 800,000 cartouches, ce qui, pour nos soldats, est l'affaire *d'une journée.* Il n'y a également *qu'un petit nombre de coups* pour pièces de quatre, et enfin il ajoute que l'établissement pyrotechnique n'a pas *les moyens nécessaires* pour confectionner les cartouches.

« M. le général Soleille a dû demander à Paris ce qui est indispensable pour remonter l'outillage; mais cela arrivera-t-il à temps? Les régiments du corps d'armée Frossard n'ont plus d'ustensiles de campement et ne peuvent faire cuire leurs aliments. Nous allons faire tous nos efforts pour reconstituer nos approvisionnements de toute sorte afin de reprendre notre marche dans deux jours si cela est possible. Je prendrai la route de Briey. Nous ne perdrons pas de temps, à moins que de nouveaux combats ne déjouent mes combinaisons. »

Je joignis à cette dépêche une note du général

Soleille indiquant le peu de ressources qu'offrait la place de Metz pour le ravitaillement en munitions de l'artillerie et de l'infanterie. Depuis, on trouva dans les magasins du chemin de fer quatre millions de cartouches, et M. le général Soleille donna une telle impulsion à l'arsenal de Metz, que l'on put y fabriquer des fusées percutantes, de la poudre et des cartouches avec un papier spécial ; un marché fut passé pour fondre des projectiles.

Le 17 août, l'armée vint s'établir sur les positions de Rozériculles à Saint-Privat-la-Montagne pour les raisons suivantes :

1° Manque d'eau à Gravelotte et aux environs ;

2° Obligation, avant de continuer la marche en avant, d'aligner les vivres et de remplacer les munitions consommées principalement en projectiles de quatre ;

3° Evacuer les blessés sur Metz.

Des suppositions ont été faites sur la possibilité de continuer la marche sur Verdun dans la nuit du 16 au 17 ; *elles étaient erronées.* Ceux qui les émettaient ne connaissaient pas la situation. L'ennemi recevait à chaque instant des renforts considérables et avait envoyé des forces pour occuper la position des Fresnés en avant de Verdun ; l'armée française, en marche depuis plusieurs jours, venait de livrer deux batailles sanglantes ; elle avait encore

des fractions en arrière, y compris le grand parc
de réserve de l'armée, qui était arrêté à Toul, attendant une occasion favorable pour rejoindre, *ce qu'il
n'a pu faire*. L'armée pouvait éprouver un échec
très-sérieux, qui aurait eu une influence fâcheuse
sur les opérations ultérieures.

Les corps reçurent l'ordre de se fortifier dans
leurs nouvelles positions et d'y tenir le plus longtemps possible. Mon intention était de reprendre
l'offensive, le ravitaillement terminé.

Le 18 août, toute l'armée allemande, sous le
commandement de S. M. le roi de Prusse, attaqua
nos lignes avec une nombreuse artillerie et des
masses considérables d'infanterie. Le succès resta
toute la journée indécis ; mais le soir, un suprême
effort exécuté par l'ennemi sur Saint-Privat-la-
Montagne, rendit cette position intenable pour
notre aile droite, qui, malgré la bravoure et le
dévoûment du maréchal Canrobert et de ses
troupes, dut l'évacuer et le fit en très-bon ordre.

La division de grenadiers de la garde, envoyée
comme réserve, n'avait pu être engagée que tardi-
vement.

Le 6ᵉ corps de l'armée du Rhin n'était pas complètement constitué en artillerie, génie, cavalerie,
ni même en infanterie; une de ses divisions n'avait
même qu'un seul régiment.

Pendant cette action, qui fut des plus meurtrières pour l'ennemi, je dus me tenir, avec les réserves d'artillerie et la garde, sur le plateau de Plappeville, pour repousser les tentatives faites par l'ennemi soit par Vaux et Sainte-Ruffine, soit par Woippy, sur les derrières de nos positions, son but étant de nous couper de Metz. Cette bataille prit le nom de défense des lignes d'Amanvillers.

Dans la matinée du 19, l'armée vint s'établir entre les forts détachés de Metz, et dès ce jour elle resta sur la défensive. Elle avait besoin de repos et surtout de reconstituer ses cadres en officiers de tous grades.

L'ennemi ne perdit pas un instant pour compléter notre investissement, en détruisant les ponts de l'Orne (petite rivière qui se jette dans la Moselle) et en rendant impraticable la voie ferrée de Thionville.

Le 26, les 4e, 6e corps et la garde passaient sur la rive droite; j'avais le projet de forcer le passage le long de cette rive; mais une véritable tempête nous surprit et rendit inexécutable, dans de bonnes conditions, tout mouvement offensif dans des terrains aussi détrempés.

Les commandants des corps d'armée et les chefs des armes spéciales furent réunis à la ferme de Grimont, et ils émirent l'avis que l'armée de Metz devait *rester sous Metz*, parce que sa présence maintenait 200,000 ennemis, qu'elle donnait le temps à la France d'organiser la résistance, aux armées en formation de se constituer, et, qu'en cas de retraite de l'ennemi, elle le harcèlerait, si elle ne pouvait lui infliger une défaite décisive. Quant à la ville de Metz, elle avait besoin de la présence de l'armée pour terminer les forts, leur armement, les défenses extérieures du corps de la place, et il fut reconnu que celle-ci ne *pourrait tenir plus de quinze jours, sans la protection de l'armée.* Malheureusement les autorités civiles et militaires de cette place n'avaient pas pris de dispositions, quand il en était temps encore, pour faire rentrer dans son enceinte toutes les ressources en vivres et fourrages des cantons voisins et augmenter ainsi les approvisionnements, en prévision d'un long blocus. (Quelque temps avant, l'intendant en chef de l'armée était parti pour activer l'exécution des marchés; après lui, j'envoyai monsieur l'intendant de Préval; personne ne put revenir.) Ces autorités ne firent pas non plus sortir de la ville les bouches inutiles, les étrangers qui pouvaient être nuisibles par leurs relations nationales. Les sages dispositions prescrites par les règlements militaires furent négligées pour ne pas inquiéter la population.

Nous étions donc réduits, dès le début, aux faibles approvisionnements des magasins de Metz et des villages sur lesquels nous étendions notre action.

Il fut en outre convenu, dans la réunion du 26, que, pour soutenir le moral des troupes, on ferait des coups de main pour harceler l'ennemi et augmenter nos ressources.

Des compagnies de partisans furent organisées dans les divisions et rendirent de bons services.

Le 30 août, je reçus par le retour d'un émissaire, que j'avais envoyé à Sa Majesté l'empereur au camp de Châlons, l'avis suivant :

« Reçu votre dépêche du 19 dernier à Rheims; me porte dans la direction de Montmédy; serai après-demain sur l'Aisne, où j'agirai selon les circonstances, pour vous venir en aide. »

Je réunis l'armée, le 31, en avant des forts de Queulen et de Saint-Julien et j'indiquai comme objectif à enlever de vive force, le plateau de Sainte-Barbe, ayant le projet, en cas de réussite, de gagner Thionville par Bettelainville et Redange avec les 3ᵉ, 4ᵉ et 6ᵉ corps, en faisant filer la garde et le 2ᵉ corps par la route de Marloy.

La rive droite offrait l'avantage de ne pas traverser l'Orne; puis, en prenant Sainte-Barbe pour objectif, l'ennemi était incertain si je me dirigerais vers l'Est pour couper les communications, ou vers les forteresses du Nord.

L'opération réussit en partie le 31; mais, pendant la nuit, les troupes qui occupaient Servigny furent obligées de se replier par suite d'un retour offensif de l'ennemi en nombre très-supérieur.

Le combat commença le 1er, par un brouillard très-intense qui nous fut défavorable; nous ne pûmes reprendre la position conquise le 31, et le maréchal Lebœuf dut quitter le village de Noisseville sur lequel s'appuyait la droite du 3e corps, parce qu'il était fortement battu par un feu violent d'artillerie, et voyait sa retraite compromise par l'arrivée de fortes colonnes ennemies.

Nos pertes étaient sensibles; il était à craindre que l'ennemi nous inquiétât pendant notre retour sur la rive gauche, car ses projectiles fouillaient déjà les terrains en arrière-forts.

Les 4e, 6e corps et la garde repassèrent sur la rive gauche pour reprendre des positions plus étendues et plus favorables à l'installation des troupes que les anciennes, et l'on s'occupa activement d'y faire exécuter les travaux de défense nécessaires, travaux sommairement indiqués par le général Coffinières de Nordeck et qui devaient nous établir solidement dans un véritable camp retranché. Je prévins l'empereur et le ministre de la guerre de notre insuccès par la dépêche suivante (cette dépêche envoyée le 1er septembre fut expédiée en duplicata le 3, puis expédiée de nouveau le 7) :

« Après une tentative de vive force, laquelle nous a amenés à un combat qui a duré deux jours, dans les environs de Sainte-Barbe, nous sommes de nouveau dans le camp retranché de Metz avec peu de *ressources en munitions d'artillerie de campagne, ni viande, ni biscuit;* enfin un état sanitaire qui n'est pas parfait, la place étant encombrée de blessés. Malgré les nombreux combats, le moral de l'armée reste bon. Je continue à faire des efforts pour sortir de la situation dans laquelle nous sommes ; mais l'ennemi est très-nombreux autour de nous. Le général Decaen est mort. Blessés et malades, environ 18,000. »

J'ai toujours ignoré si cette dépêche était parvenue, car depuis cette époque, *je n'ai plus reçu aucune communication du gouvernement.*

Nous connûmes indirectement la bataille de Sedan et la capitulation qui s'ensuivit, par les hourras poussés dans les avant-postes allemands et par un médecin de l'Internationale qui avait été soigner les blessés allemands.

Les nouvelles des événements du 4 septembre

nous parvinrent par un prisonnier qui avait pu s'échapper d'Ars.

J'en donnai connaissance à l'armée, dès que la confirmation m'en eût été donnée par le quartier général allemand, par l'ordre du jour ci-après :

« A l'armée du Rhin !

« D'après deux journaux français du 7 et du 10 septembre, apportés au grand quartier général par un prisonnier français qui a pu franchir les lignes ennemies, S. M. l'empereur Napoléon aurait été interné en Allemagne après la bataille de Sedan, et l'impératrice, ainsi que le prince impérial, ayant quitté Paris le 4 septembre, un pouvoir exécutif, sous le titre de *gouvernement de défense nationale*, s'est constitué à Paris. Les membres qui le composent sont (suivent les noms).

« Généraux, officiers et soldats de l'armée du Rhin, nos obligations militaires envers la patrie en danger restent les mêmes. Continuons donc à la servir avec le même dévoûment et la même énergie, en défendant son territoire contre l'étranger, l'ordre social contre les mauvaises passions.

« Je suis convaincu que votre moral, ainsi que vous en avez déjà donné tant de preuves, restera à la hauteur de toutes les circonstances, et que

vous ajouterez de nouveaux titres à la reconnais-
sance et à l'admiration de la France.

« Ban-Saint-Martin, 16 septembre 1870. »

J'ai tenté à diverses reprises (15 et 25 septembre)
de me mettre en relations avec le gouvernement
de la défense nationale. Je lui ai adressé en trois
expéditions la dépêche qui suit :

« Il est urgent pour l'armée de savoir ce qui se
passe à Paris et en France. Nous n'avons aucune
communication avec l'intérieur, et les bruits les
plus étranges sont répandus par les prisonniers que
nous a rendus l'ennemi, qui en propage également
de nature alarmante. Il est important pour nous de
recevoir des instructions et des nouvelles.

« Nous sommes entourés par des forces considérables que nous avons vainement essayé de
percer le 31 août et le 1er septembre. »

Mes missives restèrent toujours sans réponse,
et aucun de mes émissaires, qui n'étaient autres
que des soldats de bonne volonté, ne revint. Nous
n'avions de nouvelles que par les journaux allemands
trouvés sur les prisonniers que l'on faisait, ou par
les parlementaires quand ils voulaient en donner.

Un fait à signaler, c'est que très-peu d'hommes
du pays se sont offerts pour nous servir pendant
la campagne ou le blocus, et qu'un petit nombre
a répondu à l'appel de la mobilisation.

Pendant le mois de septembre et les premiers jours d'octobre, les opérations militaires principales furent celles de Lauvallier, Vany, Chieulles, Mercy et Poltres, Lessy, Ladonchamps, Bellevue et Saint-Rémy.

Indépendamment de ces opérations, les compagnies de partisans ne cessèrent de harceler l'ennemi, de lui faire des prisonniers, et je renouvelai les ordres déjà donnés de tenir constamment l'ennemi sur le qui vive par des attaques incessantes sur ses avant-postes, afin de le forcer à maintenir un gros effectif devant Metz, espérant retarder l'investissement de la capitale et gagner du temps pour l'organisation de la défense nationale.

Depuis le 14 août, l'armée avait livré trois grandes batailles, tenté deux grandes sorties, effectué de très-grandes attaques sur les positions de l'ennemi.

Pendant cette période, les pertes éprouvées par l'armée du Rhin, en tués, blessés et disparus, furent de vingt-cinq officiers généraux, deux mille quatre-vingt dix-neuf officiers de tous grades, et quarante mille trois cent trente-neuf sous-officiers et soldats.

Les malades étaient nombreux, et l'on pouvait craindre une épidémie. Notre situation devenant de plus en plus critique par l'épuisement des approvisionnements, la ration de pain qui depuis longtemps était à 500 grammes, puis à 300 grammes, fut réduite à 250 grammes *sans* blutage (limite extrème d'après l'opinion du médecin en chef de l'armée).

Les chevaux qui servaient à nourrir l'armée et la ville (celle-ci recevait 50 chevaux par jour), ne mangeaient que des feuilles et des écorces d'arbres, et succombaient rapidement sous l'influence d'une pareille alimentation et d'une intempérie persistante.

Ne comptant plus sur une armée de secours, et ayant eu connaissance de l'insuccès de la mission de M. Jules Favre, comme de la convocation de la Constituante, j'écrivis la lettre confidentielle ci-après aux commandants des corps d'armée et aux chefs des armées spéciales :

« Ban-Saint-Martin, 7 octobre 1870.

« Le moment approche où l'armée du Rhin se trouvera dans la position la plus difficile peut-être qu'ait jamais dû subir une armée française. Les graves événements militaires et politiques qui se sont accomplis loin de nous, et dont nous ressentons le douloureux contre-coup, n'ont ébranlé ni notre force morale, ni notre valeur comme armée. Mais vous n'ignorez pas que des complications d'un autre ordre s'ajoutent journellement à celles que créent pour nous les faits extérieurs.

« Les vivres commencent à manquer, et, dans un délai qui ne sera que trop court, ils nous feront absolument défaut. L'alimentation de nos chevaux de cavalerie et de trait est devenue un problème, dont chaque jour qui s'écoule rend la solution de plus en plus improbable ; nos ressources sont épuisées, nos chevaux vont dépérir et disparaître.

« Dans ces graves circonstances, je vous ai appelés pour vous exposer la situation et vous faire part de mon sentiment. Le devoir d'un général en chef est de ne rien laisser ignorer, en pareille occurrence, aux commandants des corps d'armée placés sous ses ordres, et de s'éclairer de leurs avis et de leurs conseils.

« Placé plus immédiatement en contact avec les troupes, vous savez certainement M..., ce que l'on peut attendre d'elles, ce que l'on doit espérer. Aussi, avant de prendre un parti décisif, ai-je voulu vous adresser cette dépêche, pour vous demander de me faire connaître, par écrit, après un examen très-mûri et très-approfondi de la situation, et après en avoir conféré avec vos généraux de division, votre opinion personnelle et votre appréciation motivée.

« Dès que j'aurai pris connaissance de ce document, dont l'importance ne vous échappera point, je vous appellerai de nouveau dans un conseil suprême, d'où sortira la solution définitive de la situation de l'armée *dont Sa Majesté l'empereur m'a confié le commandement.*

« Je vous prie de me faire parvenir, dans les quarante-huit heures, l'opinion que j'ai l'honneur de vous demander, et de m'accuser réception de la présente dépêche. »

A cette même date, le *Journal officiel* disait :

« *La position de Bazaine est toujours excellente.* »

(Article signé de tous les membres du gouvernement de la défense nationale.)

Le 10 octobre, un conseil de guerre eut lieu au grand quartier général, dans lequel il fut décidé, à l'*unanimité*, que le général Boyer serait envoyé au grand quartier général royal à Versailles, pour tâcher de connaître la situation réelle de la France, les intentions des autorités prussiennes au sujet d'une convention militaire, et les concessions qu'on pourrait en attendre dans l'intérêt de l'armée de Metz comme dans celui de la paix.

L'extrait du procès-verbal de ce conseil de guerre, concernant cette décision, était ainsi conçu :

« Après avoir rappelé les principaux traits de la situation, le maréchal Bazaine a ajouté que, malgré toutes les tentatives faites pour se mettre en communication avec la capitale, il ne lui était jamais parvenu aucune nouvelle officielle du gouvernement; qu'aucun indice d'une armée française, opérant pour faire une diversion utile à l'armée du Rhin, ne lui avait été signalé.

« De l'examen de nos ressources alimentaires de toutes sortes, il résultait qu'en faisant tous les efforts imaginables, en fusionnant les ressources de la ville avec celles de la place et de l'armée, en réduisant la ration journalière de pain à 300 grammes, en rationnant les habitants, en consommant les réserves des forts et en réduisant le blutage des farines au taux le plus bas, sans compromettre la santé des hommes, il était possible de vivre jusqu'au 20 octobre inclus, y compris les deux jours de biscuit existant dans les sacs des hommes.

« La ration de viande de cheval devrait être élevée à 600 grammes d'abord et poussée à 730 grammes, tous les chevaux étant considérés comme sacrifiés vu l'impossibilité de les nourrir autrement que par un pacage presque illusoire, et la mortalité faisant chaque jour chez ces animaux des progrès effrayants.

« Il fut déclaré ensuite que l'état sanitaire était gravement compromis dans la place, tant par l'accumulation de 19,000 blessés ou malades, que par le défaut de médicaments, de moyens de couchage, de locaux et d'abris et par l'insuffisance du nombre des médecins.

« Les rapports du médecin en chef constatent que le typhus, la variole, la dyssenterie et le cortége des maladies épidémiques commençaient à envahir les établissements hospitaliers de la ville.

« L'affaiblissement causé par la mauvaise alimentation à laquelle on était réduit ne pouvait qu'augmenter les causes morbides. On constata que les ambulances et les hôpitaux étaient encombrés, que près de 2,000 malades ou blessés étaient encore recueillis chez les habitants, et la conclusion fut que, si un nombre de blessés devait de nouveau être dirigé sur la place, il y aurait d'abord *impossibilité de les installer, mais surtout danger immédiat pour la santé publique.*

« Cet exposé de la situation de nos ressources et de l'état sanitaire étant connu de tous les membres du conseil de guerre, l'on passe à l'examen de la situation militaire.

« Après lecture faite en conseil des rapports des commandants des corps d'armée et de la place de Metz, la situation militaire se résuma dans les questions suivantes :

« 1° L'armée doit-elle tenir sous les murs de Metz jusqu'à épuisement de ses ressources alimentaires ?

« 2° Doit-on continuer à faire des opérations autour de la place, pour essayer de se procurer des vivres et des fourrages ?

« 3° Peut-on entrer en pourparlers avec l'ennemi pour traiter d'une convention militaire ?

« 4° Doit-on tenter le sort des armes et chercher à percer les lignes ennemies ?

« La première question est résolue affirmativement, *à l'unanimité*, par cette raison que la présence de l'armée sous les murs de Metz y retient, en les immobilisant, 200,000 ennemis, et que, dans les conditions où elle se trouve, le plus grand service que l'armée du Rhin puisse rendre au pays, est de gagner du temps et de lui permettre d'organiser la résistance dans l'intérieur.

« La deuxième question est résolue négativement, *à l'unanimité*, en raison du peu de probabilités qu'il y a de trouver des raisons suffisantes pour vivre quelques jours de plus à cause des pertes que ces opérations occasionneraient et de l'effet dissolvant que leur insuccès pourrait avoir sur le moral de la troupe.

« La troisième question est résolue affirmativement, *à l'unanimité*, à la condition, toutefois, d'entamer les ouvertures dans un délai qui ne dépassera pas quarante-huit heures, afin de ne pas permettre à l'ennemi de retarder le moment de la conclusion jusqu'au jour et peut-être au-delà du jour de l'épuisement de nos ressources.

« Tous les membres du conseil de guerre déclarent énergiquement que les clauses de la convention devront être honorables pour nos armes et pour nous-mêmes.

« La quatrième question en amène une cinquième; M. le général Coffinières de Nordeck demande s'il ne serait pas préférable de tenter le sort des armes, avant d'entamer des négociations, le succès de cette tentative pouvant rendre les pourparlers inutiles, ou bien le résultat de nos efforts pouvant peser dans la balance des pertes que nous aurions fait subir à l'ennemi.

« Cette question *est écartée à la majorité et il est décidé à l'unanimité,* que si les conditions de l'ennemi portent atteinte à l'honneur militaire, on essaiera de se frayer un chemin par la force, avant d'être épuisé par la famine et tandis qu'il reste la possibilité d'atteler encore quelques batteries.

« Il est donc convenu et arrêté :

« 1° Que l'on tiendra sous Metz le plus longtemps possible ;

2° Que l'on ne fera pas d'opérations autour de la place, le but à atteindre étant plus qu'improbable ;

« 3° Que des pourparlers seront engagés avec l'ennemi, dans un délai qui ne dépassera pas quarante-huit heures, afin de conclure une convention militaire honorable et acceptable pour tous;

« 4° Que dans le cas où l'ennemi voudrait imposer des conditions incompatibles avec notre honneur et le sentiment du devoir militaire, on tentera de se frayer un passage les armes à la main.

« Suivent les signatures :

> Maréchal Canrobert, commandant le 6e corps.
> Général Frossard, commandant le 2e corps.
> Maréchal Lebœuf, commandant le 3e corps.
> Général de Ladmirault, command. le 4e corps.
> Le général Desvaux, commandant provisoirement la garde impériale.
> Le général Soleille, commandant l'artillerie de l'armée.
> Le général Coffinières de Nordeck, commandant supérieur de Metz.
> Intendant Lebrun, intendant en chef de l'armée.
> Maréchal Bazaine, commandant en chef de l'armée du Rhin. »

L'autorisation demandée pour M. le général Boyer, qui avait été refusée le 11 octobre, fut accordée le 12, sur une dépêche télégraphique du roi de Prusse.

Cet officier général se mit immédiatement en route pour Versailles, accompagné de deux officiers de l'état-major du prince Frédéric-Charles.

A son arrivée à Versailles, le 14, où on ne le laissa pas communiquer librement, il fut reçu par M. le comte Bismark, qui lui donna une seconde audience le lendemain à l'issue du conseil.

M. le général Boyer revint à Metz le 17, et une nouvelle conférence eut lieu le 18, à laquelle voulut bien assister M. le général Changarnier, pour entendre le récit de la mission dont le général Boyer avait été chargé.

Il rendit compte des conditions qui étaient exigées pour que l'armée sous Metz pût sortir avec armes et matériel. Ces conditions subordonnaient à *une question politique* les avantages qui seraient accordés à l'armée du Rhin.

Il exposa la situation intérieure de la France telle qu'elle lui avait été dépeinte : l'impossibilité de traiter avec le gouvernement de la défense nationale sans la convocation préalable d'une Assemblée constituante, qui seule pouvait garantir le traité à intervenir, convocation ajournée par ce gouvernement de fait que la Prusse n'avait pas reconnu, le pouvoir émanant de la Constitution de 1870 votée en mai par le peuple français représentant encore le gouvernement de droit.

Il fut décidé, à la majorité de sept voix contre deux, que le général Boyer retournerait à Versailles, et, de là, se rendrait en Angleterre, dans l'espoir que l'intervention de l'Impératrice régente auprès du roi de Prusse obtiendrait des conditions plus favorables pour l'armée de Metz.

Il fut résolu à l'unanimité que : le maréchal com-

mandant en chef ne *saurait accepter aucune déléga-
tion* pour signer les bases d'un traité impliquant des
questions étrangères à l'armée, *celle-ci devant rester
en dehors de toute négociation politique.*

La mission du général Boyer n'avait donc d'autre
but que de tâcher de faire sortir l'armée du Rhin de
la situation pénible où elle se trouvait et de la con-
server à la France. Je ne reçus plus aucune nouvelle directe de la mission du général Boyer; mais
j'appris plus tard que ces loyales tentatives n'avaient
pas pu aboutir, les garanties demandées par l'auto-
rité militaire allemande ayant paru excessives et
leur acceptation ne dépendant en aucune manière
des chefs de l'armée.

Le 21 octobre, j'envoyai en six expéditions, à
Paris et à Tours, la dépêche suivante :

« A plusieurs reprises, j'ai envoyé des hommes
de bonne volonté pour donner des nouvelles de
l'armée et de Metz. Depuis, notre situation n'a fait
qu'empirer, et je n'ai jamais reçu la moindre communication ni de Paris, ni de Tours. Il est cependant urgent de savoir ce qui se passe dans l'intérieur
du pays et dans la capitale, car, sous peu, la famine
me forcera de prendre un parti dans l'intérêt de la
France et de cette armée. »

M. de Valcour, interprète du général Blanchard,
était un des porteurs de cette dépêche.

Le 24 octobre, seulement, je reçus, par l'intermédiaire du prince Frédéric-Charles, l'avis que l'on n'entrevoyait plus, au grand quartier général royal, aucune chance d'arriver à un résultat par des négociations politiques.

Le 25 au matin, une nouvelle réunion eut lieu pour donner connaissance de la communication ci-dessus.

Le conseil, désirant être complètement et définitivement édifié sur les intentions du quartier général de l'armée allemande à notre égard, pria M. le général Changarnier, le glorieux vétéran de nos guerres d'Afrique, qui, pendant toute cette campagne, a été pour l'armée du Rhin un bel exemple d'abnégation et de bravoure dans les combats, un guide sage et loyal dans les conseils, de se rendre auprès du prince Frédéric-Charles pour tâcher d'obtenir, non une capitulation, mais un armistice avec ravitaillement, et que l'armée pût se retirer en Afrique.

L'illustre général accepta, par dévoûment, cette délicate mission, qui n'eut pas un meilleur résultat que les précédentes.

Il fallut se résigner parce qu'une tentative de vive force, qui déjà précédemment n'avait été considérée que comme un dernier acte de désespoir, aurait été dans les circonstances actuelles un vrai suicide, en offrant à l'ennemi une victoire facile sur une armée épuisée, qui cependant n'avait jamais été vaincue, et c'eût été un crime de sacrifier inutilement des milliers d'existences confiées par la patrie à la responsabilité de chefs éprouvés.

Le conseil fut réuni de nouveau, le 26 au matin, pour entendre le résultat de la mission du général Changarnier et prendre un parti définitif.

Il fut convenu, à l'*unanimité*, non sans la plus vive douleur, que M. le général de division Jarras, chef d'état-major général, serait envoyé au quartier général du prince Frédéric-Charles comme délégué par le conseil et muni de ses pleins pouvoirs, pour arrêter et signer une convention militaire par laquelle l'armée française, vaincue par la famine, se constituerait prisonnière de guerre.

Au rapport du 26 octobre, j'avais donné l'ordre au général commandant l'artillerie de faire réunir, par les soins de l'artillerie, les aigles des régiments, pour les déposer à l'arsenal où ils devaient être détruits, mais cet ordre ne fut malheureusement pas exécuté dans tous les corps. On en demanda un nouveau, avec l'attache de l'état-major général ; on perdit ainsi des moments précieux, et, une fois la convention signée, ç'eût été manquer à la parole donnée que de ne pas en exécuter rigoureusement toutes les clauses, quelque pénibles qu'elles fussent.

Du reste, les trophées militaires n'ont de valeur morale que quand ils sont pris sur le champ de bataille; ils n'en ont aucune quand ils sont déposés dans un arsenal.

Cette convention militaire fut signée par les chefs d'état-major des deux armées, dans la soirée du 27, au château de Frescaty, pour être mise à exécution le 29, à midi. Elle fut acceptée par le conseil dans sa séance du 28, à huit heures et demie du matin.

Le 28 octobre 1870, à huit heures et demie du matin, étaient réunis en conseil, sous la présidence du maréchal Bazaine, à son quartier général, messieurs les commandants des armes spéciales, à l'effet d'entendre la lecture de la convention signée, le 27 octobre 1870, au château de Frescaty, près Metz, par M. le général de l'armée, muni à cet effet des pleins pouvoirs de M. le maréchal Bazaine et de tous les membres du conseil, lesquels lui ont été conférés dans la séance du 28 octobre au matin.

« Le général Jarras a fait la lecture dudit document ainsi que de l'appendice qui y est joint, et, après les explications qui ont été demandées et données sur la portée et l'interprétation de quelques articles, le conseil a reconnu que son mandataire avait usé des larges instructions qu'il avait reçues, d'une manière aussi satisfaisante que le comportait

la situation de l'armée, et il a donné son approba-
tion au protocole et à son annexe.

> MM. le maréchal Canrobert, commandant le 6e corps;
> le maréchal Lebœuf, commandant le 3e corps;
> le général Ladmirault, commandant le 4e corps;
> le général Frossard, commandant le 2e corps;
> le général Desvaux, commandant provisoirement
> la garde impériale;
> le général Soleille, commandaut en chef de l'artil-
> lerie;
> le général Coffinières de Nordeck, commandant
> supérieur de Metz et commandant en chef le
> génie de l'armée;
> l'intendant Lebrun, intendant général de l'armée;
> le général de division Jarras, chef d'état-major
> général de l'armée;
> le général Changarnier;
> le maréchal Bazaine, commandant en chef l'armée
> du Rhin.

Le 25 octobre, à cinq heures du soir, je me suis
constitué prisonnier à Corny, quartier général du
prince Frédéric-Charles, puis j'ai été dirigé sur Cas-
sel, par ordre de Sa Majesté le roi de Prusse.

BIBLIOTHEQUE NATIONALE DE FRANCE

www.ingramcontent.com/pod-product-compliance
Lightning Source LLC
Chambersburg PA
CBHW051326060726

47596CB00004B/1497